PETITE MÉTHODE

DE TRANSPOSITION

COMPOSÉE PAR

TONDU SIMON.

Prix net 2^f.

Victor RENARD Éditeur de musique à BERCY

Rue de Bercy 85.

se trouve aussi au progrès Musical, Boul.^{d} des Filles du Calvaire 10
s'adresser à Mr TONDU.

1853

MÉTHODE DE TRANSPOSITION

POUR VIOLON ET CLARINETTE EN DO

Ton de Si Bémol.

Il est toujours facile de transposer en montant ou en descendant la note. Le 1.er exercice que je donne étant en Si Bémol deux bémols à la clef, si l'on monte le chant d'une note, on sera en Do Majeur, sans dièze ni bémol à la clef. Monter le chant d'une note c'est changer le Do en Ré, le Ré en Mi &

EXEMPLE DE TON EN SI BÉMOL.

Le morceau est transposé en DO.

Si le chant est trop haut, vous pouvez le descendre d'une note. Au lieu d'être en SI BÉMOL il se trouvera en LA. Descendre le chant d'une note consiste à mettre SI au lieu du DO, LA au lieu du SI, &. Alors on place trois dièzes à la clef.

EXEMPLE DU TON EN LA.

Il s'agit de bien faire attention aux notes Diézées et Bémolisées dans les passages accidentels. Le chant que nous donnons pour exemple est un peu bas, afin que M.M. les musiciens s'habituent à jouer les trois figures, et qu'ils comprennent le changement des tons, en distinguant à l'oreille les notes qu'ils n'auraient pas diézées ou bémolisées.

TON EN MI BÉMOL.

4

Quand le ton est en MI BÉMOL, on le change en SOL, en mettant un DIÈZE à la clef. On monte ainsi le chant de deux notes, en disant MI, FA, SOL, c'est à dire qu'on change le DO en MI, le RÉ en FA, ainsi de suite.

Le morceau est transposé en SOL.

EXEMPLE.

Si vous trouvez le chant en MI BÉMOL trop haut, vous pouvez le descendre d'une note, et vous vous trouvez en RÉ, en mettant deux dièzes à la clef.

EXEMPLE DU TON EN RÉ.

TON EN LA BÉMOL.

Ce ton peut facilement se transposer en SOL, en mettant un dièze à la
clef, en place des 4 bémols, et en descendant le chant d'une note.

EXEMPLE DU TON EN LA BÉMOL.

Le morceau est transposé en SOL.

EXEMPLE.

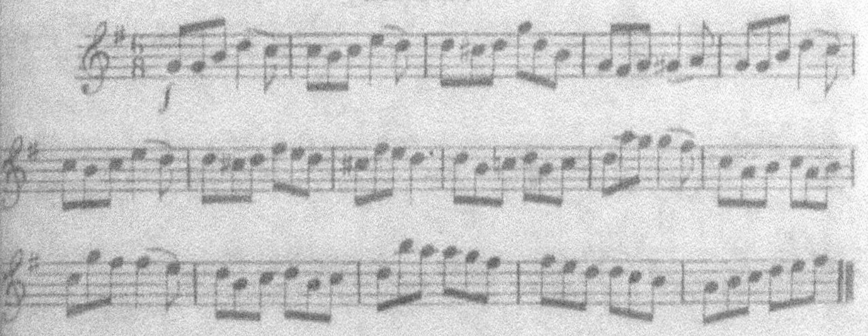

CODA.

D. C.

Le chant transposé de cette manière est bien plus facile à jouer.
Si toutefois il était trop bas en SOL, on peut le mettre en DO MAJEUR,
en le montant de deux notes, comme ci-dessus.

TON EN MI, 4 DIÈZES.

Ce ton peut être transposé en SOL, en montant le chant de deux
notes, comme ci-dessus.

EXEMPLE DU TON EN MI.

Le morceau est transposé en SOL.

EXEMPLE.

Ces exercices pourront devenir très utiles pour la transposition des tons, aux instruments tels que Piston et Clarinette &

TRANSPOSITION POUR PISTON.

Les tons ingrats pour cet instrument sont MI BÉMOL, LA BÉMOL, LA 3 DIÈZES et MI 4 DIÈZES.

Exemple du ton en MI BÉMOL.
Piston en SOL.

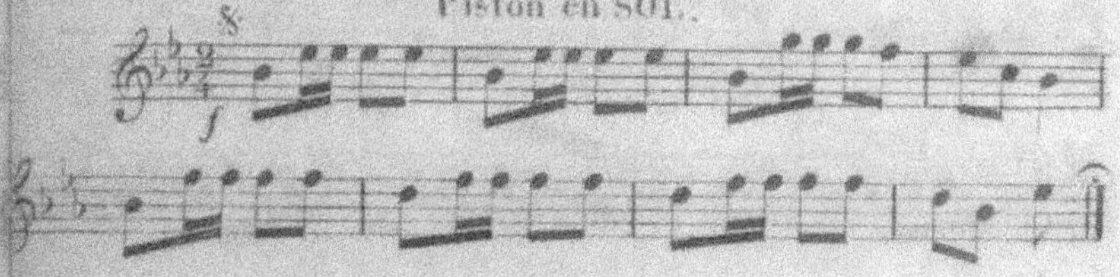

Ce ton peut se mettre en DO, en descendant de 2 notes et en supprimant les BÉMOLS. Pour se trouver d'accord avec l'Orchestre, on prend le ton de SI BÉMOL du Piston. Dans ce ton la Clarinette est en DO comme les Violons.

TRANSPOSITION EN DO

EXEMPLE.

TON DE LA BÉMOL

PISTON EN SI BÉMOL.

Ce ton étant très difficile, montez votre chant de 2 notes et vous êtes en DU. En disant LA, SI, DO vous n'avez ni dièze, ni bémol à la clef; en prenant le ton de SOL du Piston, vous êtes d'accord avec l'Orchestre.

TRANSPOSITION EN DO

EXEMPLE.

Piston en Sol.

EXEMPLE DU TON DE LA 3 DIÈZES
PISTON EN SI♭.

Ce morceau se transpose en DO MAJEUR en le montant de deux notes;
en disant LA, SI, DO, il n'y a ni dièze ni bémol. Au lieu du ton de SI BÉ-
-MOL, on prend le ton de SOL, et on est d'accord avec l'Orchestre.

EXEMPLE
Piston en SOL

CODA.
D.C.
TON EN MI 4 DIÈZES.
PISTON EN SI.

CODA.

Ce ton est rarement usité. S'il se présente, on peut le rendre plus facile en montant le chant d'une note, et au lieu de quatre dièzes on aura un bémol. En prenant le ton de LA ♮ on est toujours d'accord.

EXEMPLE.

Piston en LA.

POUR BASSE OPHICLEIDE ET TROMBONNE
Ces instruments doivent être à 2 Coulisses ou 2 Bocaux
soit à Pistons ou à Clefs

Les tons ingrats pour ces instruments sont MI 4 DIÈZES, MI 7 BÉMOLS
et LA 4 BÉMOLS; nous donnons un peu de chant pour ces trois tons, et 2
exemples sur chaque ton, afin que l'on puisse comprendre le changement des tons.

Exemple du ton en MI 4 DIÈZES
Bocal ou Coulisse en DO.

Un morceau dans ce ton peut être rendu plus facile, en montant le
chant d'une note, et l'on se trouve en FA. En prenant La coulisse ou le
Bocal en SI, on est d'accord avec l'Orchetre.

Exemple du ton en FA,
Coulisse ou Bocal en SI BÉMOL.

D.C.

EXEMPLE DU TON EN SI ET MI BÉMOL.
Coulisse et Bocal en DO.

On rend ce ton plus facile en le transposant d'une note plus haut et en prenant la Coulisse ou le Bocal en SI BÉMOL. On se trouve d'accord avec l'Orchestre.

EXEMPLE.

EXEMPLE DU TON EN LA BÉMOL
coulisse ou Bocal en DO.

PETITE MARCHE.

Ce ton rarement usité peut être rendu plus facile en le descendant d'une note. Il faut bien avoir soin de diézer et bémoliser les notes dans les passages accidentels, comme il est dit précédemment.

EXEMPLE.

OBSERVATIONS

POUR LES GRANDS ET PETITS ORCHESTRES

POUR LES QUADRILLES &

Pour les quadrilles en SI BÉMOL, MI BÉMOL et les autres tons indiqués, si l'on veut descendre le morceau d'une note, les Pistons et Clarinettes qui se trouvent en SI n'auront aucune transposition à faire : ils prendront seulement le ton de LA. Si la Clarinette est en DO elle sera obligée de transposer ainsi que les Violons, Flûtes et toutes les Basses. Si au lieu de descendre le chant on le monte, tous les instruments seront obligés de transposer, à moins que le 1ᵉʳ Piston ne soit en LA. Alors pour monter le chant d'une note : on prendra le ton de SI BÉMOL, mais pour cela il faut que tout l'orchestre soit d'accord.

Ces exercices peuvent servir à tous les instruments, en faisant attention aux passages acci--dentels, ce qui rendrait la musique dure et désagréable à l'oreille.

Magnier 1ᵉʳ Imp: rue Montorgueil